Ingrid Moras

Supertoller Perlenschmuck

CHRISTOPHORUS
BRUNNEN-REIHE

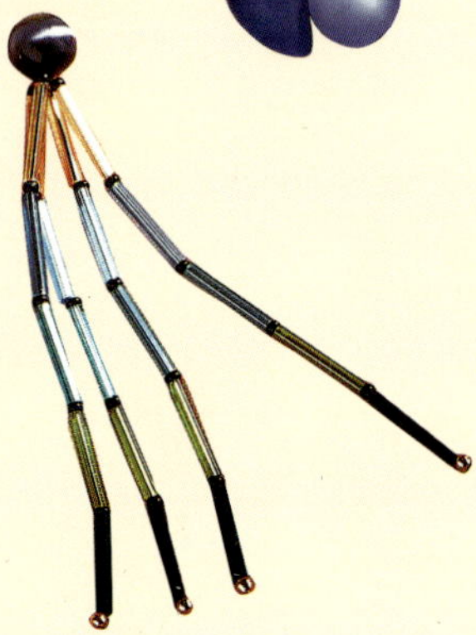

Inhalt

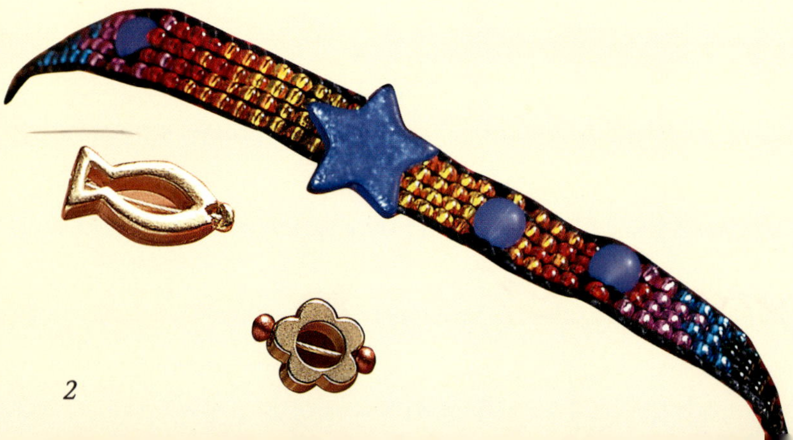

Perlenschmuck im Trend

Mit kleinen Perlen große Wirkung erzielen – das gelingt schnell mit einigen kinderleichten Techniken. Zum Beispiel die beeindruckenden, breiten Armbänder aus Sicherheitsnadeln: Ganz einfach Rocailles auf die geöffneten Sicherheitsnadeln schieben, die Nadeln schließen und oben und unten auf elastische Fäden reihen. Am Schluss die Fäden verknoten – und das Band ist fertig! Passend dazu lassen sich zauberhafte Ketten herstellen.

Sehr reizvoll sehen vereinzelt auf Schmuckdraht gefädelte Perlen aus, die den Ketten eine Leichtigkeit verleihen, die durch Federn noch weiter verstärkt wird. Andere Kombinationen wurden inspiriert durch das Muster oder die Form einer Schmuckperle. In Armbändern finden sich die Muster dann, in die einfache Webtechnik umgesetzt, wieder.

Wählen Sie aus dem vielfältigen Angebot ganz nach Ihrem Geschmack die Rocailles aus und verwirklichen Sie Ihre eigenen Schmuckträume! Es würde mich freuen, wenn dieses Buch mit seinen Kombinationen der Anstoß dazu sein könnte.

Ingrid Moras

Material & Technik

Die Perlen

Rocailles, auch Indianerperlen genannt, gibt es im Fachhandel in großer Vielfalt mit den Durchmessern 2,5 bzw. 2,6 mm und 4,5 bzw. 5 mm, je nach Firma, zu kaufen. Auch **größere Glas- oder Metall- sowie Kunststoffperlen** werden im Buch verwendet.

Draht, Verschlüsse und Co.

Ein mit **Plastik ummantelter (nylon-coated) Stahldraht** ist in verschiedenen Farben erhältlich, in Silber auch ein **Wellendraht.** Auf den Drähten können Perlen und Verschlüsse mit Hilfe von ringförmigen **Quetschperlen** fixiert werden, die mit einer kleinen Zange so zusammengedrückt werden, dass sie fest sitzen. **Ohrfedern** gibt es in verschiedenen Ausführungen im Fachhandel zu kaufen. Für lockere Ketten eignet sich **Perlonfaden** mit dem Durchmesser von 0,25 mm. Fußkettchen oder Armbänder aus Sicherheitsnadeln werden mit einem **elastischen Perlonfaden (auch Magic Stretch Faden)** gearbeitet.

Der Webrahmen

Im Fachhandel gibt es spezielle **Perlenwebrahmen**, in deren Kerben die Kettfäden straff eingespannt werden können. Für ein schnelles Ausprobieren einfach einen alten **Bilderrahmen oder eine stabile Schachtel** verwenden.

Die Kettfäden

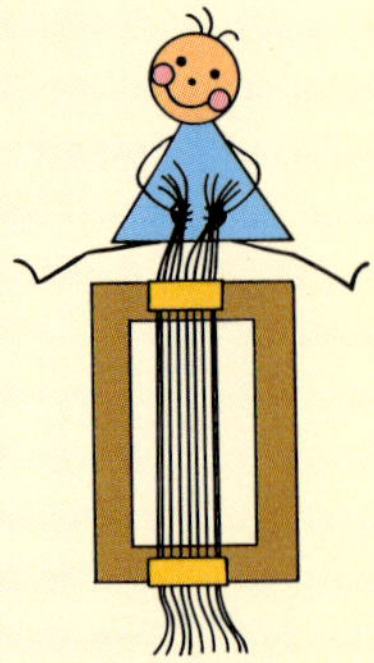

Die Kettfäden (= Längsfäden oder Spannfäden) bestehen meist aus **Perlgarn** Nr. 5 von Coats Mez, aber auch aus **Drähten** oder **Textilbändern.**
Für die Anzahl der Kettfäden gilt: Anzahl der Perlen pro Reihe plus eins (oder plus 3, s. Tipp Seite 32), da im Normalfall jede Perle zwischen zwei Kettfäden liegen muss. Die Lage der Kettfäden ist in der Vorlage jeweils mit Strichen angedeutet. Bei den Webrahmen liegt eine genaue Beschreibung bei, wie die Kettfäden gespannt werden müssen. Ich persönlich fixiere die Fäden einfach an der oberen Holzwand des Webrahmens oder an der oberen Leiste des Bilderrahmens mit einem Stück **Malerklebeband.** Die Fäden führe ich dann (beim Webrahmen über die Kerben) geradlinig nach unten, ziehe sie fest an und fixiere sie außen an der unteren Holzwand des Webrahmens bzw. der unteren Leiste des Rahmens wiederum mit Klebeband. Die Fäden müssen schön gespannt sein.

Der Schussfaden

Als Schussfaden (= Querfaden oder Webfaden) einen unsichtbaren, dünnen **Perlonfaden** (z. B. Transparent-Nähfaden Sonal von Coats Mez) verwenden. Einen etwa 1 m langen Schussfaden am linken (doppelten) Kettfaden verknoten, etwa 12 cm vom oberen Ende entfernt (= Überstand für die Kordeln). Sollte er zu kurz sein, den Faden durch mehrere Reihen hindurch vernähen. Einen neuen Schussfaden am linken Kettfaden anknoten. Den Faden am Ende der Webarbeit gut vernähen.

Das Weben

1 Die Perlen einer Reihe mit einer speziellen **Perlfädelnadel** auffassen. Die Nadel mit den Perlen von links nach rechts unter die Kettfäden führen und die Perlen auf der Nadel mit dem linken Zeigefinger zwischen den Kettfäden nach oben drücken. Sobald Kettfäden und Perlen regelmäßig abwechseln, die Nadel vorsichtig mit der rechten Hand nach rechts herausziehen. Dabei die Perlen weiterhin mit dem linken Zeigefinger nach oben drücken. Bei unterschiedlich großen Perlen müssen die Kettfäden manchmal verschoben werden.

Tipp

Eventuell die Perlen bis zum Fadenende rutschen lassen und erst dann die Perlen zwischen den Kettfäden einordnen.

2 Mit der Nadel von rechts nach links nacheinander alle zwischen den Kettfäden nach oben gedrückten Perlen auffassen und darauf achten, dass die Nadel zwischen den Perlen immer sichtbar über den Kettfäden liegt. Anschließend die Nadel nach links herausziehen. Den Faden nach jeder Reihe gleichmäßig fest anziehen und die einzelnen Reihen dicht aufschieben. Die nächsten Reihen ebenso weben.

Der Abschluss der Bänder

Die Kettfäden nach der Webarbeit zu Kordeln verdrehen. Für jede Kordel zwei Fadenbündel getrennt nach rechts eindrehen und dann miteinander verdrehen, dabei immer den rechten Strang über den linken legen. Die Kordel jeweils mit einem Knoten abschließen. Dazu das Band mit Klebeband am Tisch fixieren.

Metallischer Glanz

Material

Gewebtes Band

- Rocailles in Blau, 2,6 mm ∅
- Metall-Vierkant-röhrchen, 3 x 10 mm
- Metall-Perle, 8 mm ∅
- Türkis-Perlen, 4 mm ∅
- Textilband in Blau
- Transparent-Nähfaden

Band in Kupfer

- Rocailles in Kupfer, 2,6 mm ∅
- Metall-Vierkantröhr-chen, Mattgold, 4 x 12 mm
- Metall-Würfel, Mattgold, 5 mm
- Metall-Blumen, 9 mm
- Stahldraht in Gold, ca. 30 cm
- Schraubenschließe in Gold
- Quetschperlen in Gold, 2 mm ∅

Kette

- Türkis-Perlen, 4 mm ∅
- Stiftperlen in Gold, 9 mm
- Metallformen „Fisch", 13 mm
- Metall-Perle, 8 mm ∅
- Quetschperlen in Gold, 2 mm ∅
- Stahldraht in Gold
- Schraubenschließe in Gold

Vorlagen A1 - A3

Gewebtes Band

Ein ca. 60 cm langes Textilband in der Mitte knicken, auf beide Fadenenden die 8-mm-Perle aufziehen und so weit schieben, dass sie etwa 9 cm vom Knick entfernt ist. Die Bänder als Kettfäden spannen. Auf jeder Seite der Perle einen Transparent-Nähfaden anknoten und die Perlen und Vierkantröhrchen nach der Vorlage A1 auf beiden Seiten zwischen den Randfäden einweben (siehe Seite 5). Die Besonderheit bei diesem Band liegt darin, dass keine Kettfäden zwischen den Perlen liegen. Am Schluss den Schussfaden am besten nochmals durch die Reihen zum anderen Ende ziehen, mit diesem gut verknoten und vernähen.

Band in Kupfer

Einen 30 cm langen Draht mit einer Quetschperle an der Schraubenschließe befestigen und die Perlen aufziehen (siehe Vorlage). Nach erreichter Länge die Schraubenschließe mit einer Quetschperle am Band fixieren.

Kette

In der Mitte eines 50 cm langen Drahtstücks mit Quetschperlen einen Fisch platzieren (= 1). Ein 15 cm langes Drahtstück mit einer Quetschperle auf dem langen Draht nach Vorlage befestigen (= 2). Auf diesem kurzen Drahtstück den zweiten Fisch mit anderer Blickrichtung mit Quetschperlen positionieren und eine 8-mm-Perle aufschieben (= 3). Anschließend beide Drähte mit einer Quetschperle zusammenhalten (= 4) und die Überstände des kurzen Drahtes abschneiden. In Abständen je zwei Perlenabschnitte aufziehen und mit Quetschperlen fixieren. Nach dem Ermitteln der optimalen Länge die Schraubenschließe mit Quetschperlen befestigen.

Zauberhafte Quadrate

Material

Band

- Rocailles in Schwarz, Gold, Dunkelgrün, Dunkelblau, Blau, 2,6 mm ∅
- Perlgarn Nr. 5 in Schwarz
- Transparent-Nähfaden

Kette

- Rocailles in Gold, Dunkelgrün, 2,6 mm ∅
- Kunststoff-Würfel, 6 mm, in Blau, Grün, Grau
- Quetschperlen in Gold, 2 mm ∅
- Stahldraht in Schwarz
- Steckverschluss in Gold
- Transparent-Nähfaden

Vorlagen B1 - B2

Band

Neun Kettfäden aus Perlgarn (Randfäden doppelt) in einer Länge von 40 cm abschneiden und spannen. Die Reihen mit je sechs Perlen nach der Vorlage weben (siehe Seite 5). Das Band auf jeder Seite mit Kordeln abschließen.

Kette

1 Vier 50 cm lange Stahldrahtstücke als Kettfäden spannen. In der Mitte der Drähte drei Reihen mit je drei Würfelperlen einweben (siehe Seite 5). Den Faden durch die Reihen zurückziehen und mit dem anderen Fadenende verknoten. Damit das Quadrat nicht verrutscht, auf jedem Draht als Abschluss eine Quetschperle anbringen.

2 In Abschnitten etwas versetzt Rocailles auf die einzelnen Drähte fädeln und an den Enden jeweils mit Quetschperlen positionieren (siehe Vorlage B2). Zuletzt auf beiden Seiten über alle fünf Drähte eine Quetsch-, eine Würfel- und eine Quetschperle schieben, aber noch nicht fixieren.

3 Die Drähte mit den Rocailles zuerst in gleichmäßigem Abstand zueinander rund biegen, über der aufgeschobenen Würfelperle mit Klebeband befestigen und die Kette anprobieren. Die Drahtlängen korrigieren, bis sich die untere Hälfte der Kette schön um den Hals legt. Anschließend die Quetschperlen mit der Zange zusammendrücken.

4 Die Drahtenden etwas miteinander verdrehen und in Abständen mit Quetschperlen zusammenhalten. Die optimale Kettenlänge bestimmen, die Überstände abschneiden. Die Drahtenden jeweils in den Steckverschluss schieben und den Verschluss am Rand zusammendrücken.

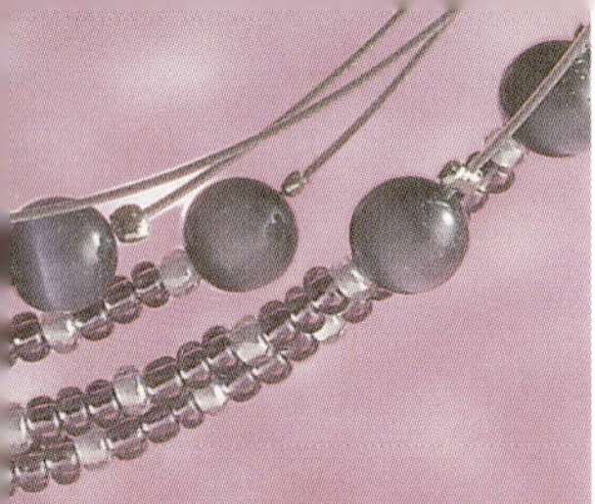

Interessante Muster

Material

Band

- Rocailles in Amethyst, Weiß, 2,6 mm ∅
- Cat-Eye-Perlen in Weiß, 4 mm ∅
- Perlgarn Nr. 5 in Schwarz
- Transparent-Nähfaden

Kette

- Rocailles wie oben
- Cat-Eye-Perlen in Violett, Weiß, 4 mm ∅
- Cat-Eye-Perlen in Amethyst, 6 mm ∅
- Quetschperlen in Silber, 2 mm ∅
- Transparent-Nähfaden
- Stahldraht in Silber
- Steckverschluss in Silber

Ohrringe

- Rocailles wie oben
- Cat-Eye-Perlen in Amethyst, 6 mm ∅
- Messingdraht, 0,3 mm ∅
- Ohrfedern in Silber

Vorlagen C1 - C3

Band

Zehn 40 cm lange Kettfäden spannen (Randfäden doppelt) und die Reihen mit je sieben Perlen weben (siehe Seite 5). Nach jeder Reihe mit Pfeilen eine 4-mm-Perle und eine Rocaille in Amethyst aufnehmen, den Faden durch die 4-mm-Perle zurück und durch die gewebte Reihe unter den Kettfäden führen. Wiederum eine 4-mm-Perle und eine Rocaille aufnehmen und den Faden über den Kettfäden durch die Reihe zurückziehen. Das Band mit je zwei Kordeln abschließen.

Kette

Fünf 50 cm lange Drahtstücke als Kettfäden spannen. In der Mitte der Drähte das Viereck aus Perlen weben (siehe Seite 5). Nach vier Reihen den Faden am besten nochmals durch die Reihen zum anderen Fadenende ziehen; beide Fadenenden verknoten. Auf einer Seite Perlen auf die fünf Drähte fädeln (siehe Vorlage C2) und mit je einer Quetschperle fixieren. Die Drähte rund biegen, mit Klebeband zusammenhalten und anprobieren. Notfalls die Längen korrigieren. Wenn die Kette optimal um den Hals liegt, die Überstände abschneiden, die Enden in den Steckverschluss stecken und diesen an den Enden zusammendrücken.

Ohrringe

Einen 40 cm langen Draht mittig in die Ohrfeder einhängen und auf beide Drähte eine Perle fädeln. Jede weitere Reihe weben wie folgt: Die Perlen mit einem Draht aufnehmen und den anderen entgegengesetzt durch die Reihe führen. Zuletzt einen Draht durch die vorletzte Reihe ziehen und mit dem anderen Draht verdrehen. Überstände abschneiden, das verdrehte Stück wegbiegen.

Kombination in Türkis

Material

Kette

- Rocailles in Wasserblau, Aquamarin, Gold, 2,6 mm Ø
- Quetschperlen in Gold, 2 mm Ø
- 9 Sicherheitsnadeln in Gold, 19 mm
- Stahldraht in Gold
- Schraubenschließe in Gold

Ohrringe

- Rocailles wie oben
- Messingdraht, 0,3 mm Ø
- Ohrfedern in Gold

Armband

- Rocailles wie oben
- 7 Sicherheitsnadeln in Gold, 19 mm
- Stahldraht in Gold
- Quetschperlen in Gold, 2 mm Ø
- Ringverschluss in Gold

Vorlagen D1 - D3

Kette
Jeweils sechs Rocailles auf die Sicherheitsnadeln auffädeln, Reihenfolge siehe Vorlage D1. Die Nadeln jeweils mit einer aquamarinfarbenen Perle als Abstandhalter in die Mitte eines ca. 50 cm langen Drahtes schieben. Im Anschluss an die Nadeln je zwei aquamarinfarbene Perlen und eine Quetschperle aufziehen und diese so befestigen, dass die Nadeln locker herabhängen. Weitere Perlenabschnitte auf der Kette mit Quetschperlen fixieren und zum Schluss eine Schraubenschließe mit Quetschperlen befestigen.

Ohrringe
Für jeden Ohrring einen 40 cm langen Draht mittig in die Ohrfeder einhängen und auf beide Drahtenden eine goldfarbene Perle aufziehen. Anschließend die Reihen wie folgt arbeiten: Jeweils die Perlen einer Reihe mit einem Draht aufnehmen, den anderen entgegengesetzt durch die Reihe schieben und so straffen, dass die Reihen gerade liegen. Zuletzt ein Drahtende durch die vorletzte Reihe zum anderen Draht ziehen und mit diesem verdrehen. Überstände abschneiden.

Armband
Je sechs Rocailles auf die Sicherheitsnadeln aufziehen (siehe Vorlage D3). Mit einer Quetschperle einen 40 cm langen Draht mittig am Ringverschluss befestigen. Auf die beiden Enden Rocailles und Sicherheitsnadeln aufziehen (siehe Vorlage D3). Wenn das Band ausreichend lang ist, den Ringverschluss mit Quetschperlen befestigen.

Regenbogen

Material

Stern-Band

- Rocailles in Schwarz, Türkis, Pink, Rot, Orange, Gelb, 2,6 mm ∅
- Kunststoff-Perlen in Blau, 6 mm ∅
- Kunststoff-Perle „Stern", 16 mm
- Perlgarn Nr. 5 in Schwarz
- Transparent-Nähfaden

Kette

- Rocailles in Türkis, Pink, Rot, Orange, Gelb, Hellgrün, Schwarz, 2,6 mm ∅
- Indianerperlen in Schwarz, 4,5 mm ∅
- Stahldraht in Silber
- 16 Sicherheitsnadeln in Platin, 23 mm
- Steckverschluss in Silber

Armband

- Rocailles wie bei der Kette
- 40 Sicherheitsnadeln in Platin, 34 mm
- Elastischer Perlonfaden in Schwarz, 0,5 mm

Vorlagen E1 - E3

Stern-Band

Sieben 40 cm lange Kettfäden (doppelte Randfäden) spannen und die Reihen weben (siehe Seite 5). Beim Einweben der 6-mm-Perlen liegen die Kettfäden jeweils anders (siehe Vorlage E1). Nach dem Weben der mittleren Reihe den Faden unter den Kettfäden nach rechts durch die Reihe ziehen und die Stern-Perle aufnehmen; diese beiden Arbeitsschritte nochmals wiederholen, dann die zweite Hälfte des Bandes weben. Das Band auf beiden Seiten mit einer Kordel abschließen.

Kette

1 Auf 16 Sicherheitsnadeln Rocailles aufziehen (siehe Vorlage E2). Sicherheitsnadeln und Rocailles auf zwei etwa 50 cm lange Drahtstücke fädeln. Nach dem farbigen Mittelstück schwarze und vereinzelt gelbe Rocailles aufschieben.

2 Die Drahtenden rund biegen, mit Klebeband fixieren, und die optimale Länge der Kette bestimmen. Eventuell die Drähte kürzen, in den Steckverschluss einschieben und mit der Zange an den Enden festklemmen. Die Überstände kürzen.

Armband

Die Sicherheitsnadeln mit Rocailles bestücken (siehe Vorlage E3) und anschließend auf zwei etwa 30 cm lange, elastische Fäden aufziehen. Dabei jeweils eine schwarze 4,5-mm-Perle zwischen den Nadeln platzieren. Die Fadenenden zum Schluss gut miteinander verknoten (s. a. Tipp Seite 32).

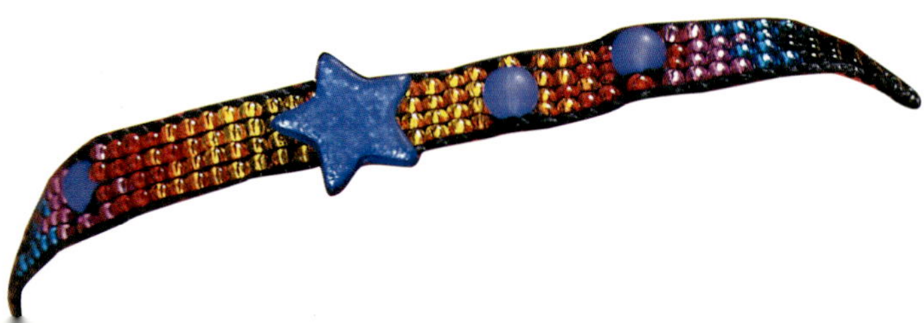

Ganz in Blau

Material

Kette

- Rocailles in Blau, Dunkelblau, Silber, 2,6 mm ∅
- Glasperlen in Blau, 4 mm ∅
- 9 Sicherheitsnadeln in Platin, 23 mm
- Quetschperlen in Silber, 2 mm ∅
- Stahldraht in Silber
- Schraubenschließe in Silber

Armband

- Rocailles und Glasperlen wie oben
- 27 Sicherheitsnadeln in Platin, 23 mm
- elastischer Perlonfaden in Transparent, 0,6 mm ∅

Ring

- Rocailles und Glasperlen wie oben
- elastischer Perlonfaden in Schwarz, 0,5 mm ∅

Vorlagen F1 - F3

Kette

Rocailles auf die neun Sicherheitsnadeln aufziehen (siehe Vorlage F1). Die Ringe der Nadeln in die Mitte eines 60 cm langen Drahtes mit je einer 4-mm-Perle als Abstandhalter fädeln. Auf beiden Seiten eine 4-mm-Perle aufziehen und die Drahtenden entgegengesetzt durch das andere Ende der neun Nadeln schieben. Je eine 4-mm-Perle und eine Quetschperle auffädeln und diese so befestigen, dass der Draht seitlich jeweils einen schönen Bogen bildet. In Abständen Perlen auf dem Draht fixieren und zuletzt die Schraubenschließe mit Quetschperlen befestigen.

Armband

Rocailles auf die Sicherheitsnadeln schieben (siehe Vorlage F2). Die Nadeln oben und unten auf zwei 30 cm lange elastische Fäden mit je drei Rocailles als Abstandhalter fädeln. Zwischen den Nadel-Ornamenten je drei 4-mm-Glasperlen aufschieben (siehe Vorlage F2). Zuletzt die Fadenenden fest miteinander verknoten.

Ring

Auf einen kurzen, elastischen Faden 4-mm-Glasperlen und Rocailles aufziehen, bis die Perlenkette um den Finger reicht, dann die Fadenenden fest miteinander verknoten.

Edles in Gold-Schwarz

Material

Kette

- Rocailles in Schwarz, Silber, Gold, 2,6 mm ∅
- Indianerperlen in Schwarz, 4,5 mm ∅
- Quetschperlen in Gold, 2 mm ∅
- Sicherheitsnadeln in Gold, 1x 27 mm, 2x 23 mm, 2x 19 mm
- Stahldraht in Gold
- Steckverschluss in Gold

Armband

- Rocailles wie oben
- ca. 14 Sicherheitsnadeln in Gold, 23 mm
- elastischer Perlonfaden, 0,5 mm ∅, in Schwarz

Ohrringe

- Rocailles wie oben
- Sicherheitsnadeln in Gold, 27 mm
- Stahldraht in Gold
- Quetschperlen in Gold
- Ohrfedern in Gold

Vorlagen G1 - G3

Kette

Rocailles auf die fünf Sicherheitsnadeln fädeln (siehe Vorlage G1). Im Wechsel Rocailles und Sicherheitsnadeln in die Mitte von zwei etwa 50 cm langen Drähten schieben und das Mittelstück zuletzt durch Quetschperlen fixieren (siehe Vorlage G1). In Abständen jeweils drei Perlen mit Quetschperlen auf den Drähten befestigen. Die optimale Länge der Kette ermitteln, Überstände abschneiden und die Enden in einem Steckverschluss festklemmen, indem der Verschluss mit einer kleinen Zange am Rand zusammengedrückt wird.

Armband

Rocailles auf die Sicherheitsnadeln fädeln (Reihenfolge siehe Vorlage G2). Nadeln und Rocailles im Wechsel auf zwei je etwa 30 cm lange elastische Fäden aufschieben. Wenn das Armband ausreichend lang ist, die Fadenenden jeweils gut miteinander verknoten.

Ohrringe

Für jeden Ohrring drei Sicherheitsnadeln mit Perlen be-tücken und auf einen kurzen Draht aufschieben. Die Drahtenden triangelförmig jeweils nach oben knicken und mit einer Quetschperle an der Ohrfeder befestigen. Drahtüberstände abschneiden.

Rund & bunt

Material

Kette in Blau-Grün

- Rocailles in Dunkelgrün, Gelb, Dunkelblau, 2,6 mm Ø
- Glasperle in Blau-Grün, 32 mm
- Perlonfaden in Schwarz, 0,25 mm Ø
- Schraubenschließe in Silber
- Marabufeder in Gelb

Kette in Weiß-Grün

- Rocailles in Weiß, Gelb, Dunkelgrün,2,6 mm Ø
- Glasperle in Hellgrün-Weiß, 32 mm
- Perlonfaden in Schwarz, 0,25 mm Ø
- Schraubenschließe in Silber

Ohrringe

- Ohrfedern in Silber
- Rocailles in Weiß, Gelb, Dunkelgrün,2,6 mm Ø
- Glasperle in Hellgrün, 11 x 9 mm
- Perlonfaden in Schwarz, 0,25 mm Ø

Blüten-Armband

- Rocailles in Weiß, Gelb, Dunkelgrün,2,6 mm Ø
- 5 Glasperlen „Herz" in Hellgrün
- Perlonfaden in Schwarz, 0,25 mm Ø
- Schraubenschließe in Silber

Vorlagen H1 - H4

Kette in Blau-Grün
Eine gelbe Rocailles in die Mitte eines 70 cm langen Fadens schieben, dann beide Fadenenden durch die Glasperle ziehen. Auf jeden Faden nach Vorlage H1 Rocailles aufziehen.
Die abstehenden Kreise so fädeln: Sieben dunkelgrüne Perlen aufziehen und den Faden nochmals durch die erste grüne Perle ziehen. Zuletzt die Schraubenschließe anknoten und den Federkiel in die Glasperle einkleben.

Kette in Weiß-Grün
Die Glasperle in die Mitte eines 70 cm langen Fadens schieben, anschließend auf beiden Seiten nach Vorlage H2 Rocailles aufziehen. Für die abstehenden Kreise jeweils sieben weiße Rocailles auffädeln und den Faden nochmals durch die erste weiße Perle ziehen. Zuletzt die Schraubenschließe anknoten.

Ohrringe
Mit dem weißen Perlenkreis in der Mitte eines kurzen Fadens beginnen und die Perlen nach Vorlage H3 aufziehen. Die Fadenenden an einer Ohrfeder verknoten.

Blüten-Armband
Ein Ende eines etwa 50 cm langen Fadens an der Schraubenschließe anknoten; Perlen und Blüten nach Vorlage H4 auffädeln und am Schluss das Fadenende an der Schließe befestigen.

Cat-Eye-Komposition

Material

Fußkettchen

- Rocailles in Schwarz, Weiß, 2,6 mm ∅
- 10 Cat-Eye-Perlen in Schwarz, 6 mm ∅
- 2 Glasperlen „Herz" in Schwarz, 8 mm
- elast. Perlonfaden in Schwarz, 0,25 mm

Kette

- Rocailles in Schwarz, Weiß, 2,6 mm ∅
- Cat-Eye-Perlen in Weiß, 5x 4 mm ∅, 5x 6 mm ∅, 5x 8 mm ∅, 2x 10 mm ∅
- Cat-Eye-Perlen in Schwarz, 12x 4 mm ∅
- Quetschperlen in Silber, 2 mm ∅
- Stahldraht in Silber
- Schraubenschließe in Silber

Ohrringe

- Rocailles in Weiß, Schwarz, 2,6 mm ∅
- Cat-Eye-Perlen in Weiß, 10x 4 mm ∅,
- 2x 6 mm ∅, 2x 8 mm ∅
- Quetschperlen in Silber, 2 mm ∅
- Stahldraht in Silber
- Ohrfedern in Silber

Vorlagen J1 - J3

Fußkettchen

Beim Stern mit der Arbeit beginnen: Rocailles und die Perlen nach Vorlage J1 auffädeln. Wenn die Kette lang genug ist, beide Fadenenden durch eine 6-mm-Perle ziehen und auf beiden Fäden getrennt weitere Rocailles und eine Herzperle auffädeln. Die Enden gut verknoten.

Kette

1 Die Kette wird von unten nach oben gearbeitet. Zunächst auf zwei 35 cm lange Drähte Perlen nach Vorlage J2 auffädeln (= 1). Anschließend über beide Drähte eine Quetschperle, eine 10-mm-Perle und eine Quetschperle schieben; fixieren (= 2). Getrennt nach Vorlage arbeiten bis jeweils zur nächsten Quetschperle.

2 Auf der linken Seite das Ende eines 10 cm langen Drahtes in der Quetschperle mit befestigen (= 3). Dabei zeigt der Draht nach rechts. Den kurzen Draht mit Perlen bestücken und auf der rechten Seite mit Hilfe einer Quetschperle mit dem langen Draht verbinden (= 4).

3 Überstände des kurzen Drahtes abschneiden. Die Kette nach Vorlage beenden. Die optimale Kettenlänge ermitteln und mit Quetschperlen eine Schraubenschließe befestigen.

Ohrringe

Ein kurzes Drahtstück mittig in die Ohrfeder einhängen, die Enden entgegengesetzt durch eine Quetschperle ziehen und fixieren. Perlen nach Vorlage J3 auffädeln. Auf beiden Draht-enden eine weitere Quetschperle befestigen. Den Überstand des eines Drahtes abschneiden und mit dem anderen Draht den Ohrring beenden.

Sonnenfunken

Material

Band

- Rocailles in Aquamarin, Gelb, Orange, 2,6 mm ∅
- Perlgarn Nr. 5 in Blau
- Transparent-Nähfaden

Kette

- Rocailles in Aquamarin, Orange, 2,6 mm ∅
- Glasrohr, 18 mm, in Blau mit Punkten
- Quetschperlen in Silber, 2 mm ∅
- Wellendraht, silberfarben, 0,47 mm ∅
- Schraubenschließe in Silber
- Perlonfaden in Schwarz, 0,25 mm ∅
- Marabufeder in Blau

Vorlagen K1 - K2

Band

Neun Kettfäden (Randfäden doppelt) mit einer Länge von 40 cm abschneiden, spannen und die Reihen mit je sechs Perlen weben (siehe Seite 5). Das Band auf beiden Seiten mit zwei Kordeln abschließen.

Kette

1 Auf einem 45 cm langen Wellendraht in Abständen je drei Rocailles mit Quetschperlen rechts und links (siehe Vorlage) fixieren. Dabei mit dem Perlenabschnitt in der Mitte der Kette beginnen.

2 Einen kurzen Perlonfaden mittig durch die mittlere Perle ziehen, auf beiden Enden drei Rocailles und das Glasrohr auffädeln. Anschließend eine Rocailles auf einen Faden schieben und beide Fäden miteinander verknoten. Eine Marabufeder mit dem Kiel in das Glasrohr einkleben.

3 Die optimale Länge der Kette ermitteln und mit Quetschperlen die Schraubenschließen befestigen.

Mond & Sterne

Material

Sternenband

- Rocailles in Silber, 2,6 mm Ø
- Kunststoff-Perlen in Dunkelblau, Weiß, 4 mm Ø
- Kunststoff-Perle „Stern" in Blau, 16 mm
- Perlgarn in Blau
- Transparent-Nähfaden

Fußkettchen

- Perlen wie oben
- elast. Perlonfaden, transp., 0,6 mm Ø

Mond-Kette

- Rocailles in Silber, 2,6 mm Ø
- Kunststoff-Perlen in Dunkelblau, Weiß, 4 mm Ø
- Kunststoff-Perle „Mond", 16x 12 mm
- Quetschperlen in Silber, 2 mm Ø
- Stahldraht in Silber
- Schraubenschließe in Silber

Sichel-Kette

- Material siehe Mondkette
- Kunststoff-Perlen in Blau, 8 mm Ø

Vorlagen L1 - L4

Sternenband

Fünf 40 cm lange Perlgarnfäden spannen (doppelte Randfäden) und die Reihen mit immer zwei Rocailles zwischen den Kettfäden weben (siehe Seite 5). Nach dem Weben der Mittelreihe den Faden nochmals unter den Kettfäden durch die Reihe ziehen und die Sternperle aufschieben; die beiden Arbeitsschritte noch mal wiederholen, anschließend das Band weiter weben. Auf beiden Seiten mit einer Kordel abschließen.

Fußkettchen

Die Perlen nach der Vorlage L2 auf einen 50 cm langen elastischen Faden fädeln; dabei mit dem Stern beginnen. Wenn die Fußkette lang genug ist, beide Fadenenden durch eine blaue 4-mm-Perle ziehen. Weitere Perlen auf die Einzelfäden ziehen und zum Schluss mehrfach einen Knoten legen

Mond-Kette

Auf ein etwa 50 cm langes Drahtstück Perlenabschnitte auffädeln (siehe Vorlage L3) und diese an beiden Enden mit Quetschperlen begrenzen. Die Schraubenschließe mit Quetschperlen befestigen.

Sichel-Kette

15 Rocailles, eine blaue 4-mm-Perle und 15 Rocailles mittig auf einen 65 cm langen Draht schieben. Beide Drahtenden durch zwei 8-mm-Perlen und den Mond nach oben ziehen und mit einer Quetschperle fixieren. Die Perlenabschnitte auf den Drähten mit Hilfe von Quetschperlen begrenzen (siehe Vorlage L4). Die Schraubenschließe mit Quetschperlen befestigen.

Träume in Blau-Grün

Material

Kette

- Rocailles in Dunkelblau, 2,6 mm ∅
- Glasperlen "Herz" in Hellblau
- Glasscheiben, rund, 9 mm ∅, in Blau- und Grüntönen
- Quetschperlen in Silber, 2 mm ∅
- Wellendraht, silberfarben, 0,47 mm ∅
- Perlonfaden in Schwarz, 0,25 mm ∅
- Flauschfeder in Blau
- Schraubenschließe in Silber

Band

- Rocailles in Dunkelblau, Blau, Grün, Hellgrün, 2,6 mm ∅
- Glasperle, 2,8 cm
- Perlgarn Nr. 5 in Dunkelblau
- Transparent-Nähfaden

Fußkettchen

- Rocailles siehe Band
- Glasscheibe, rund, ca. 9 mm ∅, in Blau
- Würfelperlen in Blau, 5 mm
- elast. Perlonfaden in Schwarz, 0,5 mm ∅

Ring

- Rocailles siehe Band
- Glasperle „Herz" in Dunkelblau
- elast. Perlonfaden in Schwarz, 0,5 mm ∅

Vorlagen M1 - M4

Kette

Perlen nach Vorlage M1 auf den Wellendraht fädeln und mit Quetschperlen fixieren. Auch die Schraubenschließen mit Quetschperlen befestigen. Einen 15 cm langen Faden in der Mitte am Wellendraht einhängen, Perlen für den Anhänger aufziehen (siehe Vorlage M1) und die Fadenenden miteinander verknoten. Eine Feder in die Löcher schieben und einkleben.

Band

Sechs 40 cm lange Perlgarn-Fäden bis zur Mitte durch die Glasperle ziehen, das Garn dabei drehen. Anschließend die Fäden spannen. Die beiden Hälften des Bandes ab der Perle weben (siehe Seite 5). Die erste Reihe mit drei Perlen hat doppelte Randfäden, ab der zweiten Reihe einfache, da mit fünf Perlen gearbeitet wird. Das Band auf beiden Seiten mit einer Kordel abschließen.

Fußkettchen

Rocailles und vereinzelt Würfelperlen auf einen 35 cm langen elastischen Faden fädeln, bis sich die Kette um den Fuß herumlegen lässt. Anschließend beide Fadenenden durch die Glasscheibe ziehen. Auf die Enden Rocailles fädeln, zuletzt eine Würfelperle. Unter der Würfelperle mehrfach einen Knoten legen.

Ring

Die Perlen für den Ring auf den elastischen Faden aufziehen, die Enden gut miteinander verknoten.

Locker & leicht

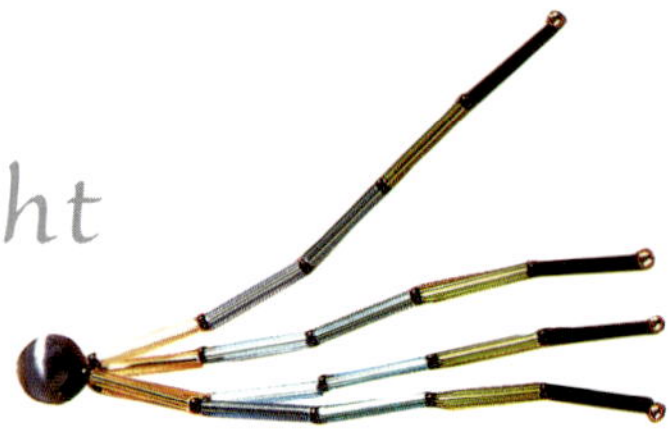

Material

Kurze Kette

- Rocailles in Schwarz, Gold, Türkis, 2,6 mm ∅
- Stiftperlen in Schwarz, Gold, Hellgrün, Smaragd, Blau, 15 mm
- Stahldraht in Silber
- Perlonfaden in Schwarz, 0,25 mm ∅
- Schraubenschließe in Gold
- Quetschperlen in Silber, 2 mm ∅

Band

- Rocailles in Schwarz, 2,6 mm ∅
- Stiftperlen wie oben
- Perlonfaden in Schwarz, 0,25 mm ∅
- Schraubenschließe in Gold

Lange Kette

- Rocailles in Schwarz, Gold, 2,6 mm ∅
- Indianerperle in Schwarz, 4,5 mm ∅
- Cat-Eye-Perle in Schwarz, 10 mm ∅
- Stiftperlen wie oben
- Perlonfaden in Schwarz, 0,25 mm
- Schraubenschließe in Gold

Vorlagen N1 - N3

Kurze Kette

Einen Stahldraht (45 cm) und einen Perlonfaden (160 cm) mit einer Quetschperle an einer Schraubenschließe befestigen. Perlen nach Vorlage N1 auf Draht und Faden (bis 19 cm Länge) fädeln. Die Mitte arbeiten: Auf Draht und Faden eine türkisfarbene Rocaille aufziehen, anschließend mit dem Faden einen herabhängenden Strang nach Vorlage N1 erstellen. Beide Arbeitsschritte wiederholen. Mit Faden und Stahldraht die Kette beenden. Die Enden mit einer Quetschperle am Ringverschluss befestigen.

Band

Die Mitte eines 1,80 m langen Fadens an der Schraubenschließe festknoten. Im Wechsel Stiftperlen und Rocailles aufziehen: Dabei auf ein Fadenende die Stiftperle fädeln, das andere Ende entgegengesetzt hindurchschieben. Auf jedes Ende drei Rocailles fädeln (siehe Vorlage N2). Zuletzt die Schraubenschließe anknoten.

Lange Kette

Einen 2,60 m langen Faden mit einer Quetschperle so am Verschluss befestigen, dass eine Seite 2 m, die andere 0,60 m herunterhängt. Beide Fäden gemeinsam über 11 cm mit Perlen (siehe Vorlage N3) bestücken, das kürzere Stück weitere 15 cm; danach mit Klebeband am Tisch fixieren. Auf den längeren Faden 16 cm, dann den Anhänger arbeiten: Dazu eine 4,5-mm- und eine 10-mm-Perle aufziehen. Die Perlenstränge nach der Vorlage herstellen. Den Faden zuletzt auch durch die 4,5-mm-Perle nach oben ziehen und über 16 cm Perlen auffädeln. Die letzten 11 cm mit beiden Fäden arbeiten. Den Verschluss befestigen.

Impressum

ISBN 3-419-56247-0

Lektorat:
Irmgard Böhler, Freiburg

Styling und Fotos:
Roland Krieg, Waldkirch

Covergestaltung und Layoutentwurf:
Network!, München

Gesamtproduktion:
smp, Freiburg
Layout: Gisa Bonfig

Druck:
Freiburger Graphische Betriebe

Wir sind für Sie da, wenn Sie Fragen haben.
Und wir interessieren uns für Ihre eigenen Ideen und Anregungen.
Schreiben Sie uns, wir hören gern von Ihnen!
Ihr Christophorus-Team

Christophorus-Verlag GmbH
Hermann-Herder-Str. 4
79104 Freiburg
Tel.: 0761/ 27 17-0
Fax: 0761/ 27 17-3 52
e-mail:
info@christophorus-verlag.de

Profi-Tipp der Autorin

- Wer bei gewebten Perlenbändern einen besonders stabilen und gleichmäßigen Rand haben möchte, sollte die Randfäden jeweils doppelt spannen. Der Schussfaden muss dann am linken, doppelten Randfaden verknotet werden.
- Damit der Knoten im elastischen Gummifaden garantiert hält, am besten über einem Doppelknoten (wie beim Schuhbinden) zusätzlich eine Schlinge aus beiden Fadenenden festziehen. Die Enden abschneiden und anschließend alles mit Sekundenkleber betupfen.
- Sicherheitsnadeln gibt es im Hobbyhandel, in Kaufhäusern oder Kurzwarengeschäften. Für kürzere in Gold und Platin (19, 23 und 27 mm lang) können Rocailles mit 2,6 mm Ø benutzt werden. Längere Sicherheitsnadeln (28, 34, 40 und 48 mm lang) in Schwarz, Gold und Platin erfordern Rocailles mit 2,6 mm Ø und mehr.

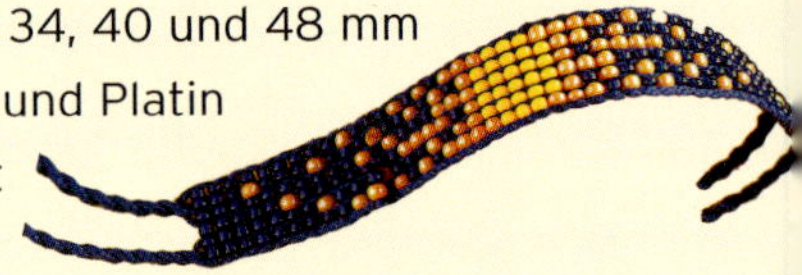

Weitere Titel von Ingrid Moras

3-419-56329-9

3-419-56341-8

3-419-56137-7